AF562859

VIE

DE

S^TE GENEVIÈVE

SUIVIE D'UNE NOTICE HISTORIQUE

SUR

LE CULTE ET LES RELIQUES DE LA SAINTE

JUSQU'A NOS JOURS

PAR

L'ABBÉ BONNEFOY,
Doyen de Sainte-Geneviève.

PARIS
E. DE SOYE ET FILS, IMPRIMEURS
5, PLACE DU PANTHÉON, 5

1878

VIE DE S^TE GENEVIÈVE

CHEZ LES MÊMES ÉDITEURS

ET A LA PORTE DE L'ÉGLISE

UNE VISITE

A

L'ÉGLISE PATRONALE SAINTE-GENEVIÈVE

(PANTHÉON)

Par l'abbé BONNEFOY,

Doyen de Sainte-Geneviève.

I. Histoire de l'église Sainte-Geneviève jusqu'à nos jours, y compris le temps du siége et de la Commune.

II. Description de l'église Sainte-Geneviève.

III. Explication des sujets de peinture et de sculpture.

E. DE SOYE et FILS, imprimeurs, place du Panthéon, 5.

VIE

DE

S^TE GENEVIÈVE

SUIVIE D'UNE NOTICE HISTORIQUE

SUR

LE CULTE ET LES RELIQUES DE LA SAINTE

JUSQU'A NOS JOURS

PAR

L'ABBÉ BONNEFOY,
Doyen de Sainte-Geneviève.

PARIS
E. DE SOYE ET FILS, IMPRIMEURS
5, PLACE DU PANTHÉON, 5

1878

Le nom de sainte Geneviève est resté pour Paris et pour la France, l'objet d'une vénération que rien n'a pu ébranler. Depuis quatorze siècles, les révolutions ont emporté bien des trônes, le souffle populaire a renversé bien des statues et flétri bien des renommées; mais le culte de la Vierge de Nanterre a survécu, dans notre cher pays, à toutes les vicissitudes et à toutes les tourmentes. Les générations se sont légué ce culte, les unes aux autres, avec une admirable constance et une touchante fidélité.

Quel sépulcre, demande un savant pontife, a reçu, parmi nous, des respects avec des baisers et des prières où toute la nation ait de la sorte répandu son cœur? Quel prince, quel capitaine, a pu se flatter d'être l'objet d'hommages aussi populaires, par le génie ou par l'épée, dans ce pays de gloire et de soldats?

Dans notre dix-neuvième siècle lui-même, si frondeur pourtant et si facile au dédain et au doute, les reliques de sainte Geneviève ont conservé le privilége d'exciter, en particulier dans cette grande ville, capitale de la France, j'allais dire capitale du monde civilisé, une confiance et un amour incomparables. Le temple qui les renferme, chef-d'œuvre d'un architecte de génie, n'est pas jugé trop beau pour abriter de telles reliques. Grands et petits, riches et pauvres, accourent de toutes parts, lorsque revient le temps consacré par l'Eglise à la vénération plus solennelle de la Patronne de Paris.

Les historiens contemporains le constatent, comme l'ont fait les historiens du passé : — chaque année, le 3 janvier et les jours suivants, Paris en foule et la campagne, tous ceux qui ont besoin de lumière ou de force, vieillards songeant au Dieu de leur enfance, mères troublées par la sollicitude et le chagrin, jeunes filles prêtes à franchir le seuil de leur destinée, se pressent avec respect autour de la châsse de sainte Geneviève pour y répandre ces secrets du cœur dont la vie est composée, c'est-à-dire, les vœux et les craintes, les espérances et les angoisses, les prières et les larmes.

Et tous ressentent, auprès de ces restes bénis, je

ne sais quelle paix mystérieuse et quelles salutaires influences. Ceux mêmes, en qui toute croyance paraissait éteinte, retrouvent là des sentiments qu'ils avaient oubliés et des inspirations qu'ils ne connaissaient plus. De leur poitrine émue, pèlerins de toute condition et de tout âge laissent échapper des accents de foi et de supplication. Ils s'adressent tour à tour à la statue et aux reliques de la Sainte ; et leur parlant, suivant une heureuse expression, comme à un être vivant, ils disent, chacun en leur langage :

O Geneviève ! ô notre compatriote ! ô notre sœur ! priez pour nous ! Priez pour vos frères et pour vos sœurs qui n'étaient pas encore nés quand vos vertus et votre dévoûment sauvèrent la grande cité ! Priez pour vos compatriotes qui, venus plus tard, vous demandent d'alléger, par votre intercession, le poids de leurs misères et le fardeau parfois si lourd de leurs épreuves et de leurs douleurs !.....

Notre but, en écrivant ces pages, est de faire connaître à ceux qui n'auraient pas la faculté d'étudier l'histoire détaillée de notre auguste Patronne, les traits principaux de sa vie. Nous désirons, dans un récit succinct, retracer, d'une manière aussi fidèle que possible, les caractères saillants de cette noble et douce figure de sainte Geneviève ; nous nous estimerons heureux si ces modestes pages peuvent inspirer à quelques-uns, une vraie dévotion pour la Vierge illustre qui reçut, durant quatorze siècles, les hommages de nos pères, et qui, à l'époque troublée où nous vivons, est encore restée, pour les âmes chrétiennes et pour les cœurs français, l'objet d'une confiance sans bornes et d'une impérissable tendresse.

Pour cela, sans négliger les divers documents que les historiens plus récents ont mis en lumière, nous prendrons, de préférence, pour guide l'auteur qui, le premier, a écrit sur sainte Geneviève, dix-huit ans après sa mort, et dont le dessein a moins été, dit-il, de raconter à la postérité la vie de la bienheureuse que d'en faire ressouvenir ceux qui, comme lui, en avaient été les témoins.

Nous compléterons notre travail par une courte Notice Historique sur le culte et les reliques de la chère Sainte dont la châsse est confiée à notre garde.

Sainte Geneviève naquit vers l'an 422, dans un bourg situé à quelque distance de Paris, et connu sous le nom de Nanterre.

Son père se nommait Sévère, et sa mère Géronce. Les auteurs diffèrent d'opinion sur leur condition et sur le rang qu'ils occupaient dans le monde. Les uns, s'appuyant sur ce qu'une tradition constante nous enseigne de la vie pastorale que mena d'abord Geneviève, veulent que son extraction ait été tout à fait infime et obscure. D'autres ont voulu lui donner un certain lustre d'origine, la faire naître même d'un grand seigneur qui aurait eu des biens considérables dans la contrée.

Nous pensons que cette seconde opinion, réduite à de justes bornes, est plus près de la vérité que la première.

Les raisons sur lesquelles est fondé notre sentiment, sont celles-ci : — la conservation des noms du père et de la mère de la Sainte, ce qui n'a pas lieu d'ordinaire pour des gens de condition inférieure ; — le désir que lui exprime un saint évêque de ne la voir porter ni or, ni pierreries, ni bijoux, ce qui eût été une recommandation inexplicable vis-à-vis d'une jeune fille pauvre ; —

la possession des biens que lui attribuent les vieux annalistes; — enfin, l'influence qu'elle exerce dès sa jeunesse, influence qu'agrandit sans doute, dans la suite, sa réputation de sainteté, mais qui ne s'expliquerait peut-être pas suffisamment pour les premières années de sa vie, si l'on admettait un sentiment différent du nôtre. Sans aller donc jusqu'à soutenir, avec quelques-uns, que Geneviève était d'une très-haute et très-noble naissance, ce qui ne paraît reposer sur aucun fondement solide, il nous semble impossible de ne pas conclure de l'ensemble des faits que nous venons d'exposer, que les parents de Geneviève étaient, selon l'expression d'un hagiographe, « des gens accommodés, qui avaient à Nanterre leur demeure et leurs biens. »

Le fait de garder les troupeaux ne saurait contredire cette opinion; car tout le monde sait qu'aux âges primitifs des peuples, de même que les héros et les princes ne dédaignaient pas de partager les travaux champêtres de leurs serviteurs; de même, les épouses et les filles des plus illustres personnages ne croyaient pas déroger en s'occupant des soins domestiques et de la garde des troupeaux.

Quoi qu'il en soit, ce qui ne fait l'objet d'aucun

doute, c'est que, dès sa plus tendre enfance, on vit reluire dans Geneviève une ardente piété. Il y avait, dans toute sa conduite, ce caractère éclatant de prédestination que Dieu imprime, d'ordinaire, au front de ceux qu'Il appelle à accomplir ici-bas de grandes choses. Son recueillement dans la prière, qu'elle fût au foyer paternel ou au milieu des champs, sa docilité respectueuse à l'égard de ses parents, sa complaisance et son dévoûment pour ses compagnes, la charité enfin qu'elle déployait déjà vis-à-vis des malheureux, étaient un sujet d'admiration pour tous, et faisaient présager l'avenir merveilleux que lui préparaient les desseins de la Providence.

Un événement imprévu vint confirmer les pressentiments heureux que la vertu de Geneviève faisait naître dans ceux qui la connaissaient.

La Grande-Bretagne, en ce temps-là, était infestée par l'hérésie de Pélage. L'audacieux novateur enseignait une doctrine qui n'allait à rien moins qu'à restreindre d'une manière étrange, sinon à supprimer entièrement, l'action de la grâce divine dans l'homme. En ces douloureuses conjonctures, les fidèles de la Grande-Bretagne eurent recours, pour combattre et confondre les enseignements du moine hérétique, au zèle et à la charité des évêques des Gaules. Ceux-ci, réunis en Concile, députèrent, pour répondre à cet appel, deux d'entre eux, saint Germain d'Auxerre, saint Loup de Troyes, qui joignaient à la science des saintes lettres et à l'éloquence, une réputation incontestée de vertu et de sainteté.

Ces deux grands serviteurs de Dieu se mirent donc en route; après quelque temps de marche, ils s'arrêtèrent à Nanterre pour y prendre un peu de repos et y faire leurs prières.

Le peuple, instruit de leur arrivée, accourt aussitôt et se presse sur leur passage pour recevoir leur bénédiction. Au milieu de la foule se trouve Geneviève, accompagnée de ses parents. Saint Germain l'aperçoit; et « jugeant en soi-même, » dit son premier historien, dont nous ne saurions mieux faire que de citer, en l'abrégeant un peu, le naïf et pieux langage, « jugeant en soi-même, par une espèce de révélation, que cette fille serait très-sainte, il la fit approcher; et voyant son père et sa mère que l'on avait appelés, il leur demanda si cette petite fille leur appartenait; à quoi ayant répondu qu'elle était leur enfant, il ajouta : Vous êtes heureux d'être les parents d'une telle fille. Sachez que les anges ont fait dans le ciel, du jour de sa naissance sur la terre, un jour de fête et de réjouissance. Cette petite deviendra grande devant le Seigneur, et il y en aura plusieurs qui, passant de l'admiration de sa vie à l'imitation de ses vertus, quitteront le péché, et renonçant comme elle, par la profession d'une vie sainte, aux plaisirs et au monde, obtiendront par ce moyen, outre la rémission de leurs péchés, la récompense de la vie éternelle.

« Il s'adressa ensuite à Geneviève et lui dit : Ma fille, je vous prie de me déclarer si vous voulez être épouse de Jésus-Christ, et en cette qualité vous consacrer à lui pour le reste de vos jours ? » Geneviève lui répondit : Soyez béni, mon Père, de me demander, avec tant de bonté, si je désire une chose que je souhaite ardemment ; je le veux de tout mon cœur, et je vous prie de demander à Notre-Seigneur, qu'il me fasse la grâce d'accomplir le vœu que je lui en fais. Le saint évêque lui dit : Ayez bon courage et bonne espérance, ma fille, tâchez vous-même d'accomplir dans vos œuvres ce que vous croyez dans votre cœur et professez par votre bouche ; car Dieu ne manquera pas de vous donner la vertu et la force. Ensuite, il lui imposa les mains, et s'en alla à l'église, après avoir dit à Sévère, père de Geneviève, de le venir voir avec sa fille, le lendemain matin. Dès la première heure du jour, Sévère amena sa fille au saint prélat. Et celui-ci demanda à l'enfant : vous souvient-il de votre promesse d'hier, ma fille? A quoi elle répondit : je m'en souviens, et j'espère, avec la grâce de Dieu, y être fidèle jusqu'à la fin de ma vie. Saint Germain prit alors une médaille de cuivre qui se trouva à terre, et qui était marquée d'une croix ; il la lui donna, en disant : portez toujours, ma fille, cette médaille à votre cou, en mémoire de votre divin Époux ; ne permettez jamais que votre corps soit paré d'aucune perle, ni étoffe précieuse, et ne souffrez autour de votre cou et de vos doigts, ni or, ni argent, ni aucun autre ornement du siècle. Après quoi, lui disant adieu et la priant de se souvenir de lui en ses prières, il la recommanda à son père Sévère, et reprit avec saint Loup, le chemin de la Grande-Bretagne. »

A partir de ce moment, la sainte enfant s'appliqua à servir Dieu avec une fidélité de plus en plus parfaite. Son bonheur était grand lorsque, après l'accomplissement de ses devoirs domestiques, il lui était donné de se rendre à l'église pour y adorer, sous les voiles eucharistiques, ce Jésus qu'elle avait choisi pour maître unique de son cœur.

Il arriva un jour de fête que Géronce, mère de Geneviève, se rendant elle-même à l'église, refusa à sa fille, par je ne sais quel motif, l'autorisation de la suivre à l'office. La jeune enfant, avec tout le respect dû à sa mère, et dont elle ne se départit pas un instant, mais aussi avec cette sainte liberté que donne la certitude de suivre l'inspiration de Dieu, insista pour obtenir l'autorisation demandée. Géronce se laissa alors aller à un vif mouvement de colère, et répondit par un soufflet aux sollicitations de sa fille. Le châtiment ne se fit pas attendre; Géronce devint subitement aveugle, et resta dans cet état pendant près de deux ans, au bout desquels Dieu lui inspira la pensée d'adresser à sa fille une demande qui devait être, de sa part, un véritable acte de réparation. Elle pria Geneviève d'aller au puits tirer de l'eau, de la lui apporter et de la bénir. Puis, prenant de cette eau avec un grand respect et une foi profonde, elle s'en mouilla les yeux à trois reprises, et la vue qu'elle avait perdue lui revint entièrement. C'est là l'origine de la dévotion au puits de Nanterre, dont l'eau, selon la tradition, fut bénite par sainte Geneviève.

Notre Sainte arriva enfin à l'âge d'exécuter la résolution qu'elle avait prise dans ses premières années, et de donner une consécration solennelle aux engagements qu'elle avait contractés envers Dieu, en présence de saint Germain d'Auxerre. Elle se présenta à son évêque pour recevoir le voile des vierges, et se vouer ainsi, d'une manière complète, au service de Celui à qui seul elle voulait appartenir. A cette époque, les vierges consacrées à Dieu ne vivaient pas ensemble dans une maison commune; elles continuaient d'habiter au milieu de leur famille qu'elles édifiaient par leur vie exemplaire, et dont elles ne se séparaient qu'aux offices sacrés, où une place particulière leur était réservée. Geneviève, après la cérémonie, revint donc chez ses parents; mais elle ne tarda pas à connaître les déchirements que cause la perte d'un père, d'une mère, les douloureuses angoisses qui envahissent le cœur quand viennent à se briser les plus chères et les plus pures affections de la terre.

A quelque temps de là, en effet, Sévère et Géronce moururent. Par cette mort, Geneviève se trouvait, toute jeune encore, orpheline et livrée à elle-même. N'ayant plus aucun lien qui la retînt à Nanterre, elle vint habiter Paris, et fixa sa demeure chez une dame de cette ville, qui était sa marraine. Là, elle commença à être, pour les habitants de Paris, une source féconde de bénédictions et de grâces. Par sa ferveur si grande, par ses prières continuelles, par sa douceur inaltérable, par l'innocence et l'austérité tout ensemble de sa vie, elle était un encouragement incessant pour ceux qui voulaient suivre fidèlement les lois de l'Evangile, en même temps qu'un reproche vivant pour ceux qui avaient le malheur de s'égarer en des voies mauvaises.

Elle poussait, en particulier, si loin sa mortification, qu'elle ne prenait de nourriture qu'à certains jours de la semaine; et encore, cette nourriture consistait-elle en pain d'orge et en fèves cuites déjà depuis longtemps. Elle poursuivit ce genre de vie jusqu'à l'âge de cinquante ans; ce fut seulement alors, que, sur le conseil de plusieurs évêques, elle consentit à user d'un peu de lait et de poisson; mais elle continua à s'interdire l'usage du vin et à ne boire que de l'eau.

Ces rigueurs des saints envers eux-mêmes, ont toujours, suivant une juste remarque, étonné les sectateurs du monde. Absorbés qu'ils sont par les plaisirs de la terre, ils ont peine à comprendre que, s'il convient au vrai repentir de se châtier soi-même, les austérités deviennent aussi pour l'innocence un moyen puissant de préservation et de salut. En s'exerçant aux privations, l'âme reçoit une trempe particulière et acquiert une force surnaturelle; les héroïques efforts lui deviennent familiers. Quant à ceux dont les déclamations tendent à représenter les macérations et les jeûnes comme un attentat à sa propre existence, nous nous bornerons à leur répondre que la longue vie d'un grand nombre de saints, celle, en particulier, de sainte Geneviève, devraient bien plutôt faire considérer la sobriété et la mortification, même dans ce qu'elles peuvent avoir d'excessif pour notre délicatesse, comme une conduite pleine de raison et de sagesse, à les envisager seulement sous le rapport de la santé et de la longévité. Dans tous les cas, il serait meilleur de réserver son indignation pour d'autres attentats bien autrement destructeurs : ceux que commettent, contre l'âme et le corps de l'homme, tout à la fois, la mollesse, l'intempérance et la volupté.

Cependant, la vertu si éclatante de Geneviève ne pouvait échapper à l'envie. Il y avait alors, comme il y en a eu dans tous les temps, des âmes, les unes étroites et basses, les autres inconsidérées et légères, qu'offusquait, pour des motifs différents, mais également misérables, une telle vie marquée au signe de l'innocence et de la vertu. Toutes ensemble s'unirent contre Geneviève. Ce fut là, pour la vierge du Christ, une rude épreuve ; car, si la foi fait accepter avec soumission les afflictions et les peines, elle n'enlève pas la faculté de sentir ; et il ne faut pas réfléchir longtemps pour comprendre toutes les secrètes douleurs que les rumeurs mensongères et humiliantes qu'on répandait à son sujet, devaient faire éprouver à cette âme si noble et si dévouée.

On attaquait tout en elle : la vérité de ses paroles, la noblesse de ses sentiments, la sincérité de sa piété, la pureté de sa vie. Dans une si cruelle situation, l'humble vierge ne fit entendre ni plainte, ni murmure. Elle n'essaya même pas de répondre aux calomnies dirigées contre elle. Non, elle s'inclina devant les décrets divins. Elle souffrit en silence, elle pria pour ceux qui avaient conjuré sa perte; et, mettant sa réputation entre les mains de Dieu, elle attendit que l'heure de sa justification, s'il le jugeait opportun, vînt à sonner.

Dieu ne faillit pas à son attente. Il y a, dans l'Imitation de Jésus-Christ, une parole admirable de simplicité, et pleine d'enseignements dans son laconisme : *Si vous savez vous taire et souffrir, vous verrez sans aucun doute, le secours de Dieu venir à vous.* Geneviève en fit l'heureuse expérience. Le Très-Haut voulut détruire, jusqu'à la racine, les accusations de tout genre par lesquelles on avait cherché à flétrir l'honneur de sa servante. Il choisit, à cet effet, une des autorités les plus hautes et les plus respectées qui fussent en ce temps-là; c'est par la bouche même d'un grand évêque qu'il fit justice de toutes les imputations, tour à tour odieuses ou ridicules, qui avaient été répandues parmi le peuple.

Voici comment le vieil historien, que nous avons déjà cité, raconte l'événement.

« Comme saint Germain, dit-il, passait par Paris pour aller en Angleterre une seconde fois, il demanda avec empressement des nouvelles de Geneviève, et ce qu'elle faisait. On lui assura qu'elle n'était pas si bonne et si pieuse qu'il le pensait. Le saint évêque, sans avoir égard au langage qui lui était tenu, alla au lieu où était logée Geneviève, et la salua avec une humilité qui étonna tout le monde. Puis, s'adressant à ceux qui l'entouraient, il leur fit remarquer que, dans la chambre où la servante de Dieu se retirait, la terre était humide de ses larmes. Il déclara hautement la sainteté de cette fille, et dit que, passant une première fois à Nanterre, il l'avait reconnue comme choisie de Dieu. La recommandant ensuite au peuple de Paris, il continua le chemin qu'il avait commencé. »

Une justification si éclatante produisit tout son effet. L'innocence de Geneviève n'eut plus à subir les attaques de la calomnie ; sous ce rapport, elle fut désormais l'objet d'un respect et d'une estime qui ne se démentirent point.

Mais elle allait bientôt connaître les rigueurs

d'une autre sorte d'épreuve, à laquelle il semblait qu'elle n'eût jamais dû s'attendre. Elle allait être en proie à des amertumes d'un ordre exceptionnel, que peu de saints ont connues, et qui étaient vraiment de nature à briser un cœur moins dévoué à ses frères, une âme moins virile et moins généreuse.

Attila, roi des Huns, était entré dans les Gaules à la tête d'une armée formidable. Après avoir ravagé Metz, Trèves, Reims, et les pays circonvoisins, il était naturel qu'il se dirigeât vers Paris, qui lui offrait une proie importante et facile. Aussi les habitants, s'attendant à voir bientôt le farouche conquérant à leurs portes, et ne voyant de salut que dans une prompte fuite, réunirent-ils tout ce qu'ils avaient de plus précieux, et se disposèrent-ils à chercher asile dans des villes moins exposées aux ravages de l'armée barbare.

Geneviève ne partagea pas cet effroi. Animée de l'esprit d'en haut, elle affirma hardiment que le *Fléau de Dieu* n'entrerait pas dans la ville, que Paris serait préservé de tout péril, et que les habitants courraient bien plus de danger en quittant leurs foyers, qu'en restant pour pleurer leurs fautes et faire pénitence.

Ce langage ne trouva pas le même accès dans tous les esprits. Pendant que les femmes chrétiennes, sous l'inspiration de Geneviève, s'assemblaient dans le baptistère pour prier le Seigneur et fléchir sa justice, un grand nombre parmi les hommes protestaient contre les prédictions de la sainte. Les meilleurs respectaient ses intentions, mais incriminaient ses paroles, et les regardaient comme le fruit d'une imagination en proie aux illusions. D'autres allaient plus loin ; ils la proclamaient une fausse prophétesse, qui voulait endormir les Parisiens et les engager dans une ruine inévitable. Ils l'appelaient sorcière, magicienne ; et leur irritation s'exaltant au dernier degré, ils en vinrent à se demander de quelle manière ils la feraient mourir, en expiation de ses affirmations trompeuses, — s'ils la lapideraient ou la précipiteraient dans la Seine.

Là encore, Dieu vint au secours de l'innocente vierge. Il permit que le saint évêque d'Auxerre, étant sur le point d'expirer, donnât mission à l'archidiacre Sédulius, de porter, en son nom, à Geneviève, des Eulogies, ou pains bénits, en signe d'union et de charité.

Sédulius arriva à Paris au plus fort de la crise que nous venons de décrire. Il comprit le danger où était la sainte; et s'adressant, dit encore notre vieil historien, à la multitude : « Donnez-vous de garde, s'écria-t-il, de commettre l'horrible action que vous méditez. Celle que vous voulez punir comme une criminelle, a été élue de Dieu dès sa naissance; nous l'avons souvent ouï dire à Germain, notre bienheureux évêque; et voici des présents sacrés et bénits que je lui apporte de sa part. »

En face d'un tel langage, le peuple, plein de vénération pour l'évêque d'Auxerre, se ressouvint de la protection dont le saint pontife avait couvert, déjà une première fois, Geneviève, et craignit d'encourir les châtiments célestes, s'il ne se rendait au langage que saint Germain lui faisait tenir du seuil même de la tombe. Les esprits se calmant peu à peu, on résolut d'attendre les événements.

Ils furent la justification la plus complète de Geneviève. Ce qu'elle avait annoncé se vérifia à la lettre. Attila, apprenant que les Romains, renforcés des Visigoths et d'une partie des Francs, s'avançaient contre lui, changea de dessein; et, au lieu de continuer sa route sur Paris, il se dirigea vers Orléans. Cette retraite subite remplit les Parisiens d'admiration pour Geneviève. Ils ne doutèrent plus que celle, à qui Dieu révélait ainsi l'avenir, dans des conditions en dehors de toutes les prévisions humaines, ne fût une de ces créatures privilégiées qu'une nation doit être fière de compter au nombre de ses enfants, et dont elle doit recueillir les conseils avec une reconnaissante docilité.

Ce fut là effectivement ce qui arriva. A partir de ce jour, la servante de Jésus-Christ exerça sur Paris une action que ses vertus et ses bienfaits ne firent que rendre plus considérable et plus sensible, à mesure qu'elle avançait en âge.

L'occasion ne tarda pas à se présenter pour elle de donner à la grande cité un nouveau témoignage de sa persévérante tendresse.

Les Francs, à cette époque, n'occupaient encore que le nord de la Gaule. Jaloux d'étendre leur domination, ils s'emparèrent successivement de tout le pays situé entre la Seine, la Marne, l'Aisne et l'Oise ; et, après avoir pris Soissons, ils vinrent mettre le siége devant Paris, que sa position leur faisait convoiter. La ville était alors toute renfermée dans ce que nous appelons aujourd'hui *la Cité*. Elle trouvait, non-seulement dans ses murailles et dans ses tours, mais encore dans l'eau qui l'entourait de tous côtés, une défense naturelle contre laquelle l'armée ennemie, dépourvue de bateaux, était complétement impuissante. Les Francs, pour atteindre leur but, résolurent donc d'établir un blocus rigoureux qui, en réduisant les assiégés à la dernière nécessité, les forçât de se rendre. Le siége dura plusieurs années, et comme l'avaient conjecturé les Francs, les ressources de la ville s'étant épuisées peu à peu, il en résulta une famine effroyable où un grand nombre de malheureux périrent.

Geneviève ne pouvait voir une pareille détresse sans en être profondément affligée. Oubliant la faiblesse de son sexe pour n'écouter que son dévoûment et son courage, elle réunit sur la Seine, qui était restée libre, un certain nombre de petits navires, et se dirige, au milieu de fatigues et de périls de tout genre, vers Arcis-sur-Aube et vers Troyes, d'où elle revient avec d'abondantes provisions. La joie et la reconnaissance des assiégés à la vue des vivres qu'elle leur apportait, durent être bien douces au cœur de la Sainte!

Elle n'avait pu demander au Ciel d'épargner à Paris l'attaque des Francs, parce que (il est permis de le croire), Dieu lui avait fait connaître qu'il voulait faire de cette chère ville la capitale de l'une des plus grandes nations de la Chrétienté ; mais elle l'avait conjuré de lui donner, du moins, la consolation d'adoucir, autant qu'il serait en elle, les souffrances et les désolations qu'entraîne toujours après lui un siége prolongé. Le Très-Haut, nous venons de le voir, avait exaucé sa fervente et patriotique prière.

Cependant Clovis, le chef des Francs, avait eu à combattre, au cours même du siége de Paris, plusieurs rois ligués contre lui. Laissant autour de la ville un nombre suffisant de troupes pour continuer le blocus, il marcha à la rencontre de ses ennemis et leur livra vaillamment le combat. Parmi les batailles qu'il gagna, l'histoire a surtout conservé le souvenir de celle de Tolbiac, en 496. Regardant cette victoire comme le fruit de la promesse qu'il avait faite d'adorer le Dieu de Clotilde, son épouse, alors que ses troupes fléchissaient et que la défaite paraissait imminente, Clovis se déclara publiquement chrétien ; il reçut, avec un grand nombre de ses Francs, le baptême des mains de saint Remy, évêque de Reims, le 24 décembre de la même année. Dès lors, allait disparaître le motif qui avait soutenu les Parisiens dans leur longue résistance ; et il n'est que juste d'ajouter que Geneviève, elle-même, allait recevoir enfin le prix de ses travaux, car ses larmes et ses prières n'avaient pas moins contribué à la conversion du roi païen que les sollicitations de Clotilde et les conseils du saint Pontife Remy. Clovis, qui avait fait jusque-là de Soissons sa ville principale, fixa désormais sa résidence dans la ville qui venait de se rendre, et, dès ce jour, Paris prit le titre qu'il ne devait plus quitter, de Capitale de la France.

C'est ici le lieu de signaler les relations étroites qui existèrent entre sainte Clotilde et sainte Geneviève. Ces relations, fait observer avec raison un auteur, devaient naturellement s'établir entre deux nobles femmes, de conditions différentes, il est vrai, mais de cœurs également généreux et purs. Ce monde terrestre, bien qu'elles n'y fussent pas à la même place, leur apparaissait sous le même jour ; et elles n'y voyaient, en haut comme en bas, que des motifs de s'en tenir détachées et d'élever leurs désirs vers cet autre monde plus juste et plus durable, où toutes choses sont appréciées à leur valeur réelle, réduites et maintenues au rang qui leur convient. C'est ainsi qu'elles s'unirent par une amitié sainte qui se prolongea jusque dans la mort; car, pendant que leurs âmes s'en allaient à Dieu, leurs cendres étaient confiées à la même église, où longtemps elles dormirent sous la garde du patriotisme et de la religion des Français.

Clovis partageait sans réserve les sentiments de Clotilde à l'égard de Geneviève. L'estime qu'il avait pour sa vertu, la vénération et la confiance qu'il professait pour elle, ne le cédaient, non plus, en rien, au respect et à l'honneur que rendaient à la vierge de Nanterre les plus saints personnages de l'époque. Saint Siméon Stylite, lui-même, du fond de la Syrie, recevant sur sa colonne les hommages de marchands venus des Gaules, les chargeait de saluer Geneviève de sa part, et de lui demander le secours de ses prières. Aussi, n'est-on pas surpris d'apprendre que Geneviève exerçait sur le chef des Francs la plus douce comme la plus efficace influence. Qu'elle lui demandât la grâce de malheureux prisonniers, ou qu'elle fît appel à sa charité pour secourir les indigents et les infirmes, il l'écoutait avec la plus extrême déférence ; et, suivant, en cela, l'exemple du roi Childéric, son père, il se fut reproché de ne point faire droit à des demandes qui avaient toujours pour mobile des sentiments si élevés et si chrétiens.

C'est sur ses instances qu'il entreprit l'érection d'un temple en l'honneur des saints apôtres, Pierre et Paul. Déjà Geneviève était parvenue à élever un premier sanctuaire en l'honneur de saint Denis. A force de supplications auprès de Dieu et de démarches auprès des hommes, à force de zèle et de persévérance, elle avait réussi à faire bâtir sur le lieu même de leur sépulture, un édifice digne du premier apôtre des Gaules et de ses vénérés compagnons. Il lui sembla que Dieu réclamait d'elle l'entreprise d'une autre œuvre semblable, et elle parvint à faire partager ses vues à Clovis. L'an 507, sur le sommet de la montagne, appelée depuis, montagne Sainte-Geneviève, furent jetés les fondements de la nouvelle église. Elle n'était pas encore achevée lorsque Clovis mourut; c'est dans la crypte de cette Basilique que fut inhumé le premier roi chrétien des Francs.

Ainsi que le montrent les faits que nous venons de rappeler, la vierge de Nanterre n'eut pas uniquement une vie de recueillement et d'oraison. Il entrait dans les desseins de la Providence qu'il y eût, à la fois, dans Geneviève, de l'activité de Marthe et de l'esprit contemplatif de Marie, afin que sa douceur, sa patience, son désintéressement, cette prudence merveilleuse qui s'alliait si bien, en elle, à la plus évangélique simplicité, fussent autant d'enseignements vivants où le peuple pût puiser l'amour et le goût de la vertu. Il est vrai de dire cependant que, si la charité et le désir de suivre, avant tout, le bon plaisir de Dieu, lui faisaient quitter résolûment sa solitude, se jeter au milieu du mouvement, et y déployer, pour la gloire de son divin Maître et le bien de ses frères, toute l'énergie de son âme : en dehors de ces circonstances, elle recherchait plus volontiers la retraite et le silence.

Autant qu'il était en son pouvoir, elle se tenait à l'abri du commerce du monde. Son esprit et son cœur goûtaient le bonheur de ces relations intimes dont le Seigneur favorise les âmes qui sont tout à lui, et qui estiment à grand honneur et à suprême joie de lui offrir tous les sacrifices qu'il peut réclamer d'elles, au nom de l'amour qu'il leur a lui-même témoigné le premier.

La prière, la méditation, les veilles prolongées aux pieds de Jésus dans son tabernacle, remplissaient la meilleure partie de sa vie. Et comme une si éclatante lumière, un feu si ardent, ne pouvaient rester sans éclairer et réchauffer les âmes qui en approchaient, il s'en suivit que beaucoup cherchèrent à imiter la Sainte dans ce que sa vertu avait d'accessible à leur faiblesse. Les vierges, en particulier, se sentaient attirées vers elle; elle dut, à un âge peu avancé encore, en recevoir, dans sa maison, un certain nombre qui voulaient vivre sous sa direction, et s'inspirer de ses leçons et de ses exemples.

Ce fut là, bien qu'on ne donnât pas encore ce nom à ces pieuses réunions, un des premiers Monastères de vierges chrétiennes dans les Gaules. L'Eglise honore la mémoire de plusieurs des compagnes de sainte Geneviève, formées par ses soins et animées de son esprit. Nous citerons parmi les plus connues : sainte Aude et sainte Célinie, du pays de Meaux.

Du reste, Dieu faisait connaître lui-même combien la piété et la vertu de sa servante lui étaient chères. Dès la jeunesse de Geneviève, il avait manifesté par des signes sensibles, jusqu'à quel point cette âme si pure était en honneur à ses yeux. L'humble vierge accomplit des prodiges de toutes sortes, non-seulement à Paris, mais encore dans le cours de plusieurs voyages que lui fit entreprendre la charité ou une dévotion particulière pour certains grands saints, tels que saint Aignan, d'Orléans, et saint Martin, de Tours. La pénétration des consciences, la guérison des malades, l'apaisement des orages, la délivrance des possédés, la résurrection même des morts : tels sont les miracles que le premier historien de sainte Geneviève rapporte en grand nombre, « et il en laisse, dit-il, de côté, un bien plus grand nombre encore qu'il a eus à sa connaissance, mais qu'il ne juge pas à propos de raconter, de peur d'allonger trop son récit. »

Le seul miracle que nous voulions citer nous-même, parce qu'il explique pourquoi on représente souvent sainte Geneviève, un cierge allumé à la main, est le suivant :

Un jour que notre Sainte, accompagnée des jeunes vierges qui vivaient sous sa direction, se rendait, avant l'aurore, à l'église qu'elle avait fait élever en l'honneur de saint Denis, il arriva que le flambeau qu'on portait devant elle s'éteignit tout à coup ; comme les ténèbres étaient fort épaisses et que la pluie tombait en abondance, les compagnes de Geneviève témoignaient une grande frayeur. Mais elle, sans s'émouvoir, demande le flambeau éteint ; à peine est-il entre ses mains, qu'il se rallume, et malgré la bourrasque, brille du plus vif éclat jusqu'à l'arrivée de la pieuse troupe à l'église.

Les artistes du moyen-âge ont représenté plus d'un saint et d'une sainte, tenant à la main un cierge allumé dont un ange entretient la flamme, tandis qu'un démon cherche à l'éteindre. Ils voulaient désigner par là la foi vive, la persévérante charité des vrais disciples de Jésus-Christ. Mais, pour ce qui est de sainte Geneviève, tous ses anciens historiens s'accordent à regarder le fait que nous venons de raconter, non-seulement comme un symbole, mais encore comme une réalité incontestable et un prodige connu de tous.

Cependant le moment approchait où le ciel allait décerner à Geneviève l'éternelle récompense de ses travaux. Parvenue à une vieillesse peu ordinaire, malgré ses austérités, ou peut-être, comme nous le disions plus haut, à cause de ces austérités mêmes, elle sentait croître de plus en plus dans son cœur ce désir véhément qu'exprime saint Paul dans ses épitres, et que tous les véritables disciples de Jésus-Christ ont ressenti chacun à leur tour : celui de voir tomber la barrière qui nous sépare de la vérité suprême et de la beauté toujours ancienne et toujours nouvelle. Elle aspirait, avec une ardeur que la parole ne peut exprimer, à cette dissolution de son corps, qui devait rendre la liberté à son âme, et lui permettre de s'envoler, comme la colombe, vers l'unique objet de ses espérances.

Ses vœux furent enfin exaucés. Elle s'endormit dans le Seigneur, le troisième jour de janvier, de l'an 512. Son corps fut inhumé à côté de celui de Clovis, dans cette église même de Saint-Pierre et de Saint-Paul, édifiée sur ses instances et par ses soins. Il y fut, dès ce moment, l'objet d'une vénération et d'un culte dont il nous reste à faire succinctement l'histoire.

NOTICE HISTORIQUE

SUR

LE CULTE ET LES RELIQUES DE S^TE GENEVIÈVE

JUSQU'A NOS JOURS

La vénération et la confiance de Paris ne s'arrêtèrent pas à la mort de l'illustre vierge qui, durant tant d'années, avait été son modèle et sa bienfaitrice. Le peuple ne mit pas un seul instant en doute, qu'elle n'eût pris place parmi les élus du Seigneur. L'Eglise ratifia ce jugement, et l'on trouve l'office de sainte Geneviève dans la liturgie que l'on observait en France, dès le temps de Grégoire le Grand.

Les multitudes accoururent au tombeau de la Sainte avec un empressement qui obligea bientôt à entourer ce tombeau d'une barrière, pour contenir le zèle et la dévotion des fidèles ; et ce zèle et cette dévotion n'ont fait que grandir avec la succession des siècles.

La France entière, diverses parties de l'Europe, les pays étrangers eux-mêmes, se sont associés dans cette pieuse communauté d'hommages. Partout des églises se sont élevées en l'honneur de la vierge de Nanterre ; partout des monastères, des écoles, des paroisses, ont regardé, à la fois, comme un gage de protection et comme une véritable gloire, d'abriter leurs destinées sous son patronage et sous son nom.

Néanmoins, c'est justice de reconnaître que Paris s'est distingué, à cet égard, d'une manière toute particulière. C'est Paris qui avait été l'objet le plus tendre, le plus direct de l'amour et du dévoûment de la Sainte ; c'est aussi Paris qui lui a donné les témoignages les plus éclatants d'une reconnaissance inviolable et d'une invincible confiance.

Nous disions dans ce qui précède, que l'église, construite par Clovis à la prière de Geneviève, et dans laquelle ils furent inhumés l'un et l'autre, avait été placée sous l'invocation des saints apôtres Pierre et Paul. La dévotion envers les restes mortels de notre Sainte s'accrut de telle sorte, qu'on en vint, peu à peu, à désigner l'église sous le double nom des Saints-Apôtres et de Sainte-Geneviève, jusqu'à ce qu'enfin, elle ne conservât plus que ce dernier vocable, sous lequel elle a traversé les âges, à partir du neuvième siècle. Ravagée plusieurs fois, livrée même à l'incendie, pendant les diverses incursions que les Normands firent à Paris, elle était restaurée dès qu'un traité de paix éloignait les ennemis et ramenait le calme.

Plusieurs conciles furent célébrés dans son sein. Deux, surtout, ont laissé des traces dans les annales de l'Eglise de France : l'un, tenu en 557, et auquel assista Grégoire de Tours; l'autre, vers l'an 614, et qui constitua comme une assemblée générale du clergé français.

Le corps de sainte Geneviève avait été renfermé d'abord dans une sorte de coffre en bois, que saint Eloi s'appliqua à décorer, avec la ferveur de sa foi et l'habileté de son art. Plus tard, à la suite d'une des translations du saint corps, translations que rendirent nécessaires, à différentes reprises, les incursions dont nous venons de parler, on déposa ces restes vénérés, non plus dans le caveau où ils étaient autrefois, mais dans l'Eglise, au-dessus de l'autel. Le coffre qui les contenait fut renfermé lui-même, en 1242, dans une châsse, entourée d'ornements d'or et d'argent, et enrichie de pierres précieuses. Marie de Médicis et divers personnages de sa cour ajoutèrent encore, en 1614, par des présents somptueux, aux magnificences de cette châsse.

L'illustre vierge répondit avec tout le dévoûment qu'on pouvait attendre d'elle à ces témoignages de respect et d'honneur. Il ne serait pas possible d'énumérer toutes les faveurs, tous les prodiges par lesquels elle reconnut la vénération et la confiance des peuples.

A peine avait elle rendu le dernier soupir, que Dieu se plut à montrer qu'il lui conservait, dans le ciel, la même puissance mystérieuse dont il lui avait fait don sur la terre. La lampe que la piété des fidèles avait allumée devant son tombeau, continua à donner sa lumière sans que l'huile en fût renouvelée, et plusieurs malades s'étant frottés, avec foi, de cette huile, furent guéris à la vue de tous.

Depuis ce moment, on ne cessa d'éprouver la

miraculeuse protection de Geneviève. La vue rendue aux aveugles, la parole donnée aux muets, la guérison des paralytiques, celle des malheureux dévorés par la fièvre : telles sont quelques-unes des œuvres merveilleuses par lesquelles la Sainte récompensa les prières qui lui étaient adressées, et dont nous trouvons le récit détaillé dans les auteurs les plus dignes de créance.

Mais ce n'était pas assez. Dans toutes ces œuvres il s'agissait, si l'on peut ainsi parler, de bienfaits privés, de faveurs individuelles ; les annales de la France chrétienne nous ont conservé le souvenir de faits plus saillants encore. De même que, pendant sa vie, non-seulement Geneviève s'était montrée secourable et compatissante pour toute créature, jusqu'à la plus petite et la plus humble, mais encore avait, plus d'une fois, exercé son action bienfaisante sur toute la cité ; de même, quand Dieu l'eut rappelée dans son sein, elle ne se borna pas à secourir les misères particulières, elle étendit son intercession sur la capitale entière et resta vraiment l'ange tutélaire de Paris.

Maintes fois, la grande ville s'adressa à elle, aux heures d'angoisses et de désolation, et ce ne fut jamais en vain. Tantôt dans les débordements de la Seine menaçant de tout emporter, comme sous les règnes de Louis le Débonnaire, de Philippe-Auguste et de Charles VIII ; tantôt dans les sécheresses excessives ou les pluies continuelles qui détruisaient les productions de la terre et faisaient redouter la famine, comme au treizième et seizième siècle ; tantôt enfin dans d'autres calamités publiques non moins graves, Paris eut recours à sa protectrice fidèle.

On organisait des processions, où toutes les classes étaient représentées. Le Prévôt des marchands et les échevins y figuraient, en grand costume, à côté des chevaliers et des princes ; le Parlement s'y rencontrait avec la Chambre des Comptes et la Cour des Aides ; les moines de tous les ordres s'y joignaient aux chanoines de Notre-Dame et de Sainte-Geneviève, accompagnés du clergé des différentes paroisses, sous la présidence de l'Evêque.

On compte, jusqu'au milieu du dix-huitième siècle, environ quatre-vingts processions, où la châsse de la Sainte, portée à travers les rues de la ville, sema libéralement sur sa route les bénédictions et les grâces. Nous ne pourrions, sans excéder les limites d'une simple notice, entrer dans le détail de ces processions. On s'étonnerait pourtant si nous ne disions pas au moins quelques mots de l'une d'elles, et des circonstances exceptionnellement douloureuses qui la provoquèrent.

En 1129 et 1130, sous le règne de Louis le Gros, Paris fut ravagé par un mal appelé : *feu sacré*. Ce mal, comme son nom l'indique, semblait brûler, à l'égal de la flamme, toutes les parties du corps auxquelles il s'attaquait, les pieds, les mains, la poitrine, le visage; et il faisait périr, au milieu des douleurs les plus aiguës, les malheureux qui en étaient atteints. La science, après des efforts réitérés, se déclara impuissante à conjurer le fléau. Le peuple alors se tourna du côté du ciel, et demanda à sa bien-aimée Patronne, de désarmer, par ses prières, la justice divine. La châsse de sainte Geneviève fut descendue de l'autel où elle reposait, et portée processionnellement à l'église Notre-Dame, au milieu de la foule accourue de toutes parts : — au moment même où les saintes reliques franchirent le seuil de la Cathédrale, les malades qui se trouvaient sur leur passage furent subitement guéris. Dès ce jour, le fléau cessa ses ravages, et des milliers de victimes qui semblaient vouées fatalement à la mort, recouvrèrent la santé et la force.

Cet événement, connu sous le nom de *Miracle des Ardents*, eut pour témoin tout Paris et les alentours. Le pape Innocent II, venu en France, peu de temps après, constata juridiquement la vérité du prodige ; et après y avoir donné, par une enquête faite sous ses yeux, le plus haut degré de certitude historique, il ordonna d'en célébrer chaque année la mémoire par une fête solennelle. Cette fête a lieu le 26 novembre, sous le nom de *Sainte-Geneviève des Ardents*.

En face d'un pareil témoignage de protection et d'amour, la reconnaissance et la dévotion du peuple de Paris, pour sa chère Patronne, ne pouvaient que s'accroître encore. On sollicita et on obtint du Souverain Pontife l'érection d'une confrérie en l'honneur de sainte Geneviève. De son côté, le Parlement décréta que la fête de la Sainte serait solennisée publiquement, et que ce jour-là serait, comme le dimanche, un jour de repos et de prières.

Enfin, en 1524, les principaux de la ville demandèrent aux religieux, à qui seuls jusques alors avait été réservé le droit de porter sur leurs épaules, dans les processions, la châsse de sainte Geneviève, la faveur insigne de partager avec eux cet honneur. Une requête si légitime fut agréée. Il demeura convenu que seize habitants de Paris, choisis parmi les plus notables, formeraient dorénavant, sous le nom de Compagnie des Porteurs de la Châsse, une sorte de garde d'honneur à la Patronne de Paris. Peu à peu même, les religieux abandonnèrent entièrement à ceux-ci le droit de porter les saintes reliques. La Compagnie s'adjoignit alors vingt-quatre Attendants, qui devaient prendre rang parmi les membres titulaires, à mesure que les places deviendraient vacantes.

Nous avons sous les yeux la liste de ceux qui, au dix-septième siècle, faisaient partie de cette garde d'honneur ; elle porte en tête l'inscription suivante, qui fait connaître toute l'importance que nos ancêtres attachaient aux fonctions de Porteurs de la Châsse de Sainte-Geneviève :

Noms et surnoms des Porteurs de la Châsse de sainte Geneviève, dont la Compagnie est composée de seize Porteurs et vingt-quatre Attendants, pour faire le nombre entier de quarante Confrères Porteurs de la Châsse de sainte Geneviève, qui jusqu'à présent sont et ont été tous Bourgeois et natifs de Paris, suivant l'institution, qui pour la plupart ont passé les charges et honneurs des six corps des Marchands de cette Ville; mais surtout, celui d'avoir été Echevins de cette Ville de Paris, du Consulat, du grand Bureau des pauvres, ce qui les distingue des autres assemblées.

Il en fut ainsi jusqu'aux jours mauvais, connus sous le nom de la Terreur. L'esprit d'impiété et le génie de la destruction se liguèrent pour anéantir, autant qu'il était en eux, l'œuvre des générations et des siècles. Des hommes, des Français, — étaient-ce encore des Français et des hommes ! — s'attaquèrent, avec une véritable frénésie, à ce qui avait été pour leurs pères l'objet d'une vénération si profonde et d'un si fidèle amour. Le corps de la Patronne de Paris fut retiré de sa châsse, porté en place de Grève, et brûlé sur un bûcher, aux acclamations de ceux qui croyaient détruire le souvenir des Saints en livrant aux flammes leurs restes mortels, et supprimer leur culte en faisant disparaître ce qui rendait leur mémoire sensible à l'esprit des peuples. Oui, celle que la France entière, depuis Clovis, avait honorée, avait priée, avait aimée, cette douce et noble vierge que les écrivains irréligieux eux-mêmes du dix-huitième siècle avaient respectée, et, qu'avant eux déjà, Erasme avait bénie et chantée, fut déclarée un objet de superstition et de fanatisme (1). C'est au nom de la

(1) C'est un fait notoire que la vénération et la reconnaissance d'Erasme pour sainte Geneviève. Voici comment il s'exprime dans une lettre qu'il écrivait à Nicolas Werner, à la suite d'une procession à laquelle il avait assisté et où il fut, de la part de la sainte, l'objet d'une faveur signalée. — « J'avais été atteint, dit-il, d'une fièvre quarte, mais j'en suis guéri ; ma guérison n'est pas l'œuvre des médecins, quoique j'aie eu recours à leurs soins, mais l'œuvre de la célèbre vierge, sainte Geneviève, dont les ossements sont journellement glorifiés par des prodiges. » — Erasme raconte ensuite à quelle occasion eut lieu la procession dont il s'agit. — « Il y a trois mois, dit-il, qu'il pleuvait sans cesse ; la Seine était sortie de son lit et avait inondé la campagne et la ville. La châsse de sainte Geneviève a été descendue et portée à Notre-Dame. L'évêque est venu au devant avec tout le peuple..... Depuis ce temps, rien n'est plus serein que le ciel. »

On peut voir, dans les œuvres d'Erasme, l'ode latine qu'il composa pour remercier sainte Geneviève de la guérison qu'elle lui avait obtenue. C'était, dit-il lui-même, l'accomplissement d'un vœu qu'il avait fait à cet égard.

raison, et en expiation, comme s'exprime le procès-verbal du 1er frimaire 1793, « du crime d'avoir servi à propager l'erreur », qu'on livra au vent les cendres sacrées de la Patronne de Paris.

Etranges héros, dirons-nous avec un écrivain, qui se mettent en campagne contre la cendre d'une femme morte depuis treize siècles! Singuliers patriotes, ajouterons-nous, qui insultent à la patrie dans l'une de ses gloires les plus vénérées et les plus pures!

Ce serait cependant manquer à la justice que d'imputer à la cité entière ce qui ne fut en réalité, que l'œuvre d'une horde d'insensés et de furieux. Il y eut, au contraire, des protestations énergiques contre l'indignité d'une telle conduite.

Les archives générales possèdent une pétition, signée d'un très-grand nombre d'habitants, contre le projet conçu, dès 1791, par l'administration départementale, de transporter la châsse de sainte Geneviève dans une autre église. Les termes courageux et fermes de cette réclamation, qui ne portait cependant que sur un simple déplacement des saintes reliques, font comprendre avec quels sentiments de réprobation la partie saine de la population dut accueillir les décrets de spoliation sacrilége qui ne tardèrent pas à suivre.

Grâce au ciel, les espérances du comité révolutionnaire, touchant la destruction complète des restes de sainte Geneviève, devaient être déçues. Dieu avait permis que quelques-unes des précieuses reliques fussent distraites antérieurement de la châsse, et distribuées en différents lieux. Plusieurs églises en possédaient et les exposaient à la vénération publique.

Ce n'est pas tout, Dieu, qui se joue des vains desseins des hommes, voulut que ceux-là mêmes qui croyaient faire disparaître pour jamais, et la dépouille mortelle, et le souvenir de la Patronne séculaire de Paris, se chargeassent, à leur insu, de constater publiquement qu'une partie de cette dépouille sacrée avait échappé à la profanation et à la ruine, et d'ajouter encore, par là, s'il était possible, au caractère d'authenticité que présentent les reliques qui nous ont été conservées. Le procès-verbal d'ouverture de la châsse de sainte Geneviève déclare, en effet, que le corps n'est plus dans son entier, et que plusieurs ossements en ont été retirés.

La plupart de ces reliques furent recueillies par Mgr de Quélen. Le vénérable archevêque, dans une lettre du 3 janvier 1822, annonça aux curés de Paris l'heureux résultat des démarches qu'il avait faites à cet égard. — « Après m'être donné, dit-il, tous les soins possibles pour recueillir, de divers lieux et de différents diocèses, une partie des reliques de la Patronne de Paris, que l'on y a conservées et que l'on y honore d'un culte spécial et authentique, j'ai eu le bonheur d'en recouvrer d'assez insignes pour satisfaire la dévotion des fidèles, et les consoler d'une perte qui laissait depuis longtemps à leur piété de si justes regrets. » Un acte public, revêtu de la signature des plus éminents personnages, fut dressé pour consacrer solennellement l'authenticité de huit reliques de sainte Geneviève. Les principales, au nombre de quatre, furent renfermées dans un reliquaire scellé des armes de l'archevêque. Ce sont celles qui sont offertes aujourd'hui à la dévotion des fidèles dans la grande et belle basilique élevée en l'honneur de la Patronne de Paris.

On trouvera, dans un autre opuscule, l'histoire de cette basilique, construite d'après les dessins de

Soufflot, en remplacement de l'ancienne église qui menaçait ruine, et qui a été définitivement détruite en 1807. Dans ce second opuscule, après un récit sommaire des fortunes diverses par lesquelles a passé l'œuvre de Soufflot, nous ferons, pour les pélerins et les visiteurs, la description détaillée du majestueux édifice. Nous y ajouterons l'explication des travaux de peinture et de sculpture qui doivent en achever la décoration. Ce sera la suite naturelle de la Notice Historique que nous venons d'esquisser sur le Culte et les Reliques de notre Auguste Patronne.

Il ne nous reste plus, pour achever notre tâche, qu'à mettre sous les yeux du lecteur, le dernier procès-verbal par lequel l'authenticité des reliques de sainte Geneviève a été constatée de nouveau, à l'occasion que nous allons signaler.

La disposition de la châsse où était fixé l'ancien reliquaire, la forme de ce reliquaire lui-même, permettaient difficilement d'entrevoir, même de près, les ossements sacrés qu'il renfermait. Les fidèles souffraient de cet état de choses; ils demandaient qu'on exposât à leurs regards ce qui reste de la dépouille sacrée de la vierge de Nanterre, surtout pendant la neuvaine traditionnelle, où le peuple accourt, en foule, prier et bénir Celle qu'il reconnaît, toujours et malgré tout, pour sa chère Patronne. Le doyen de Sainte-Geneviève jugea ces vœux légitimes et fondés; il les présenta au premier pasteur du diocèse, en y joignant ses instances propres. Son Eminence, le Cardinal-Archevêque, daigna les accueillir favorablement, et ratifier le projet de changement de reliquaire qui en était la conséquence.

Nous avons pensé qu'on lirait, avec intérêt, le récit de la séance solennelle où ce changement a été opéré.

Nous, Joseph-Hyppolyte GUIBERT, par la miséricorde divine et la grâce du Saint-Siége apostolique, Cardinal-Prêtre de la sainte Eglise Romaine, du titre de Saint-Jean devant la Porte-Latine, Archevêque de Paris.

Savoir faisons que, le deuxième jour de janvier, l'an du Seigneur mil huit cent soixante dix-sept, sur la demande de M. l'abbé Bonnefoy, Doyen de l'Eglise patronale de Sainte-Geneviève, Nous avons procédé à la reconnaissance des reliques de cette Sainte, conservées dans ladite église; étant assisté de notre Coadjuteur, Mgr François-Marie-Benjamin Richard, Archevêque de Larisse; en présence de M. l'abbé Caron, notre Vicaire général, Archidiacre de Sainte-Geneviève, de M. l'abbé Pelgé, Vice-Chancelier de notre archevêché, dudit M. l'abbé Bonnefoy, Doyen, et de M. l'abbé Bernard, Vice-Doyen de Sainte-Geneviève.

Sur les dix heures du matin, M. l'abbé Bonnefoy s'étant présenté en la salle du conseil archiépiscopal, Nous a apporté les reliques de sainte Geneviève, et le Reliquaire dans lequel elles avaient été déposées par notre vénérable prédécesseur, Mgr Louis-Hyacinthe de Quélen, et Nous a demandé qu'après en avoir constaté de nouveau l'authenticité, Nous voulussions les placer dans un nouveau Reliquaire plus convenable, et où les saintes reliques de la Patronne de Paris pourraient être vénérées plus facilement par les fidèles.

Nous nous sommes fait, en même temps, représenter le procès-verbal rédigé, le 2 janvier 1822, par ledit Seigneur Archevêque, notre prédécesseur de pieuse mémoire; et, après en avoir entendu la lecture, nous avons constaté que le Reliquaire placé sous nos yeux était bien le Reliquaire décrit dans le susdit procès-verbal, savoir : un rectangle de cuivre doré, fermé sur les quatre faces latérales par des verres d'une seule pièce, et contenant une plaquette enveloppée d'un ruban de soie blanche portant à la partie inférieure, en cinq endroits, le sceau de Mgr de Quélen parfaitement intact; sur la partie supérieure étaient disposés et attachés avec des fils de soie les quatre ossements décrits dans le procès-verbal susrelaté, du 2 janvier 1822, sous les nos 1, 2, 4 et 5, ainsi qu'il suit :

A. — Un ossement droit d'environ quatre pouces de longueur, échancré aux deux extrémités, extrait d'un reliquaire conservé en l'église de Sainte-Geneviève-des-Bois, anciennement du diocèse de Sens, aujourd'hui de celui d'Orléans, arrondissement de Montargis ; où ladite relique était vénérée depuis longtemps, ainsi qu'il est constaté au procès-verbal dressé par M. l'abbé Tonnelier, archidiacre d'Orléans, curé de Châtillon-sur-Loing, commis à cet effet par Monseigneur l'évêque d'Orléans. Lequel a rempli cette commission avec autant d'exactitude que d'obligeance pour nous. Ledit procès-verbal coté n° 1.

B. — Un ossement courbe d'environ deux pouces et demi de long, enveloppé d'une gaze très-fine, extrait d'un Reliquaire conservé dans l'église paroissiale de Saint-Roch, à Paris; lequel était scellé du sceau de son Eminence Mgr le Cardinal Caprara, et avait été donné par Mgr Vadorini, secrétaire de ladite Eminence, à M. l'abbé Reinach, prêtre de la communauté de Saint-Roch; au décès duquel ladite relique est passée entre les mains de M. le Curé de cette paroisse, qui, sur notre demande a bien voulu en faire le sacrifice en faveur de la nouvelle église de Sainte-Geneviève; en nous exprimant le désir d'avoir une part spéciale aux prières qui seraient faites pour les bienfaiteurs de cette église; ce que nous lui avons promis expressément. Ce Reliquaire était exposé à la vénération des fidèles dans l'église de Saint-Roch, en vertu de l'autorisation donnée par l'Ordinaire. Les pièces et procès-verbaux cotés n° 2.

C. — Un ossement de onze lignes de long, extrait d'un Reliquaire conservé à Verneuil, dans l'église dédiée à Sainte-Geneviève, diocèse d'Amiens, canton de Pont-Sainte-Maxence, arrondissement de Senlis; laquelle extraction a été exécutée par M. le Curé de Creil, en vertu de l'injonction à lui faite par Mgr l'Evêque d'Amiens, premier aumônier de Son Altesse royale Mme la Duchesse de Berry, qui a bien voulu se donner les soins les plus empressés pour procurer à l'église de Sainte-Geneviève les reliques de la sainte Patronne de Paris. Les pièces et procès-verbaux cotés n° 4.

D. — Un ossement d'environ vingt lignes de long,

enveloppé aux extrémités d'une étoffe rouge garnie de paillettes; lequel a été enlevé de la châsse de Sainte-Geneviève de Paris, l'an mil sept cent quatre vingt-douze, au moment de la spoliation de l'église de l'abbaye de Sainte-Geneviève, comme nous n'en pouvons douter, d'après les témoignages mis sous nos yeux. Les pièces y relatives cotées n° 5.

Ce sont en effet les quatre ossements qui avaient été renfermés par Mgr de Quélen dans le Reliquaire rectangulaire que nous avons sous les yeux, comme il conste par le procès-verbal sus-mentionné de 1822.

Nous nous sommes d'ailleurs assuré avec soin que ledit Reliquaire était resté dûment clos et scellé, jusqu'au moment où nous avons décidé de transférer les saintes reliques dans un nouveau Reliquaire.

Le procès-verbal du 2 janvier 1822 mentionne, en outre, d'autres reliques décrites sous les n°s 3, 6, 7 et 8, lesquelles n'avaient point été renfermées dans le Reliquaire rectangulaire; mais placées : celles des n°s 6 et 7 aux deux extrémités dudit Reliquaire, et y suspendues extérieurement; celle du n° 8, attachée sous le même Reliquaire; et celle du n° 3 suspendue au-dessus, à l'intérieur de la châsse qui le renfermait.

Nous n'avons plus retrouvé ces saintes reliques, et les documents conservés, soit dans nos archives, soit dans celles du chapitre métropolitain de Notre-

Dame, soit dans celles de l'église patronale de Sainte-Geneviève, ne nous ont fourni, jusqu'à ce jour, aucun renseignement sur l'époque où elles avaient été séparées des reliques principales, et sur la destination qu'elles avaient reçues.

Le Reliquaire rectangulaire contenant les quatre reliques décrites ci-dessus, a été conservé dans l'église de Sainte-Geneviève jusqu'à la révolution de 1830. Cette église ayant alors cessé d'être consacrée au culte divin, les reliques de Sainte-Geneviève furent déposées dans le trésor de l'église métropolitaine de Notre-Dame. L'église de Sainte-Geneviève ayant été rendue à sa destination primitive, en 1852, par notre vénérable prédécesseur, Mgr Marie-Dominique-Auguste Sibour, le reliquaire rectangulaire, avec les saintes reliques y renfermées, fut transporté dans cette église, où il a été conservé jusqu'à ce jour, et exposé publiquement à la vénération des fidèles.

Ces constatations faites avec soin, M. l'abbé Bonnefoy Nous a présenté le nouveau Reliquaire dans lequel il Nous a prié de déposer les reliques de sainte Geneviève. Ce Reliquaire est formé d'un tube cylindrique en cristal, supporté par deux anneaux ajourés en cuivre doré, qui reposent sur un socle également en cuivre doré et surmonté d'un ornement de même matière, au milieu duquel est placé le chiffre de sainte Geneviève (S. G.), sur un médaillon en émail de couleur bleue.

Nous avons alors attaché la plaquette portant les quatre reliques décrites ci-dessus, et scellées à la partie inférieure du sceau de Mgr de Quélen en cinq endroits, sur un coussin demi-cylindrique de velours bleu, avec des rubans de soie de même couleur reliés ensemble, et les avons scellés de notre sceau. Puis Nous avons déposé avec respect les saintes reliques dans le tube en cristal, que nous avons fermé à l'une des extrémités par des cordons de soie bleue reliés ensemble sur une rondelle de carton, et y avons pareillement apposé notre sceau. Le tube contenant les saintes reliques est fermé à l'une des extrémités par un couvercle fixe et solide en cuivre doré; et à l'autre extrémité par un couvercle de même matière, qui s'adapte au moyen d'une vis, et protége le sceau avec lequel Nous avons clos le tube en cristal, ainsi qu'il vient d'être expliqué.

Avant de renfermer les reliques de sainte Geneviève dans le Reliquaire susmentionné, Nous avons permis qu'on détachât quelques parcelles des ossements décrits sous les n°s 1 et 2 du procès-verbal du 2 janvier 1822; A et B du présent procès-verbal; afin de pouvoir satisfaire la piété des églises et des fidèles, qui désirent avoir des reliques de la sainte Patronne de Paris ; lesquelles parcelles Nous avons soigneusement mises sous enveloppe et scellées de notre sceau.

Ces reconnaissance et déposition des reliques de sainte Geneviève dans le nouveau Reliquaire terminées, Nous nous sommes mis à genoux pour les vénérer, avec notre Coadjuteur, et les prêtres qui nous ont assisté dans ces opérations, et Nous avons récité ensemble l'antienne et l'oraison de la Sainte. De tout quoi Nous avons fait dresser le présent procès-verbal en triple exemplaire, pour l'un être déposé dans le Reliquaire même ; l'autre, conservé dans les archives de l'archevêché ; et le troisième dans les archives de l'Eglise de Sainte-Geneviève ; et nous l'avons scellé de notre sceau, et signé avec les ecclésiastiques présents, au palais de l'archevêché, les jour, mois et an que dessus.

† J. HIPPOLYTE, *Card.* GUIBERT, *Archev. de Paris.*
† FRANÇOIS, *Archevêque de Larisse.*
H.-E. CARON, *Vic. gén., Archidiacre de Ste-Geneviève.*
C. BONNEFOY, *Doyen de Ste-Geneviève.*
PELGÉ, *Chanoine honoraire.*
E. BERNARD, *Vice-Doyen de Ste-Geneviève.*

Paris. — E. de Soye et Fils, imp., pl. du Panthéon, 5.

www.ingramcontent.com/pod-product-compliance
Lightning Source LLC
LaVergne TN
LVHW010033230826
846091LV00005B/1679

9782011910417